Lena Jesus Ponte

Ilustrações: Marcia Misawa

Arca de haicais

Paulinas

Dados Internacionais de Catalogação na Publicação (CIP)
(Câmara Brasileira do Livro, SP, Brasil)

Ponte, Lena Jesus
　　Arca de haicais / Lena Jesus Ponte ; ilustrações Marcia Misawa. – São Paulo : Paulinas, 2012. – (Coleção cavalo-marinho / Série con-verso)

　　ISBN 978-85-356-3310-8

　　1. Literatura infantojuvenil.

12-14459　　　　　　　　　　　　　　　　　　　　CDD-028.5

Índices para catálogo sistemático:
1. Literatura infantil　　028.5
2. Literatura infantojuvenil　　028.5

1ª edição – 2012
4ª reimpressão – 2025

Direção-geral: *Bernadete Boff*
Editora responsável: *Maria Alexandre de Oliveira*
Assistente de edição: *Rosane Aparecida da Silva*
Copidesque: *Ana Cecilia Mari*
Coordenação de revisão: *Marina Mendonça*
Revisão: *Marina Siqueira*
Gerente de produção: *Felício Calegaro Neto*
Assistente de arte: *Ana Karina Rodrigues Caetano*
Produção de arte: *Telma Custódio*

Nenhuma parte desta obra pode ser reproduzida ou transmitida por qualquer forma e/ou quaisquer meios (eletrônico ou mecânico, incluindo fotocópia e gravação) ou arquivada em qualquer sistema ou banco de dados sem permissão escrita da Editora. Direitos reservados.

Cadastre-se e receba nossas informações
paulinas.com.br
Telemarketing e SAC: 0800-7010081

Paulinas
Rua Dona Inácia Uchoa, 62
04110-020 – São Paulo – SP (Brasil)
📞 (11) 2125-3500
✉ editora@paulinas.com.br
© Pia Sociedade Filhas de São Paulo – São Paulo, 2012

Para Letícia, Carolina, Tiago, Luisa, Lucas, João Félix
e tantos outros filhotes de gente.

Abelha alquimista:
transforma o néctar das flores
em puro ouro doce.

Capricha nas linhas.
Como sabe geometria
a **aranha** arquiteta!

Que joia mais rara!
É um arco-íris que fala:
arara... **arara**... a...

Leve belo pulo.
A baleia bailarina
se exibe e mergulha.

Vestindo casaca,
imagina-se tão cara!
Mas é só barata.

A flor se oferece.
Beija-flor beija. Seu bico
bem mais doce fica.

Mumugemugindo,
bebezerrinhos imploram
líquido carinho.

Leve **borboleta**,
lenta, desliza no vento.
Coreografa a tarde.

Com seu cavanhaque,
parece um lorde britânico.
Como pode... um **bode**?!

Bufa forte o **búfalo**.
O bruto muge que assusta.
Boi bem brabo – bicho.

Empaca o **burrinho**.
Só aceita sela e rédeas
da sua vontade.

Será que o **camelo**,
no deserto, leva até
as dunas nas costas?

Canguru feliz.
Na sua bolsa, a certeza
da maior riqueza!

De língua de fora
o **cão** respira a alegria
de sentir-se vivo.

Cavalo sem freio.
O vento é seu cavaleiro.
Rédea, a liberdade.

Hilária que é
a **centopeia** ensaiando
um samba no pé!

A leveza aposta
corrida com a suave brisa.
Os **cervos** saltitam.

Dorme a tarde morna.
O **cigarra**
acalanta o sol.

Príncipe do lago,
atrás de si deixa um rastro
de beleza – o **cisne**!

Sua tromba tomba.
O **elefante** assusta tanto!
Mas no fundo é manso.

Saltita a alegria.
Brincando de esconde-esconde,
o **esquilo** se esquiva.

Que fardo pesado
leva a **formiga** operária:
migalha de pão!

Galo pontual.
Relógio da madrugada,
despertou o sol.

Branca paz da tarde.
O **gato** bebe seu sono.
A vida é de leite.

Girafa apressada
não quer chegar atrasada
à festa do céu.

O mar, grande circo!
No picadeiro das águas,
golfinhos artistas.

É tão leve a vida!
O **hipopótamo** flutua
no rio macio.

Brincando de estátua,
o **jacaré** não se apressa.
Quase para o tempo.

Constrói com esmero.
João-de-barro engenheiro
nunca foi sem-teto.

Frágil **lagartixa**
energiza um ser tão duro.
Se arrepia o muro.

Um sono de paz.
Sonha o **leão** com um mundo
sem reis e sem súditos.

Mariposa prosa
vai com vestido estampado
à feira da roça.

Se não são palhaços
de algum circo da floresta,
macacos me mordam!

Hora do recreio.
Em algazarra, no parque,
gritam **maritacas**.

Abre novas trilhas.
A **minhoca** vai criando
seus próprios caminhos.

Cabeça pra baixo,
o **morcego** trapezista
sonha acrobacias.

Mosquito metido:
só porque assovia fino,
quer ser violino.

Quem pintou as pintas
tão lindas, negras, sobre o ouro
do couro da **onça**?

Fofocas do dia
papagaio e bem-te-vi
logo noticiam.

Nada o **peixe**. Nada
é sem cor na sua vida.
Tudo sempre azul.

Um baile no gelo?
Passam **pinguins** tão galantes
vestidos de gala.

Porquinho zangado.
Mas que espírito de porco
torceu-lhe o rabinho?

Em câmera lenta,
a **preguiça** nos convida
a viver sem pressa.

Um **rato** poeta
realizou seu desejo:
fez da lua queijo.

Põe a lança em riste.
Rinoceronte é Quixote?
Talvez Sancho Pança.

Canta o dia inteiro
o **sabiá** Pavarotti.
Ele é brasileiro!

O **sapo** Romeu
faz serenata pra ela,
a jia Julieta!

Elegantemente,
rebolando como gente,
desfila a **serpente**...

Histórias antigas
carrega dentro do casco
vovó **tartaruga**.

Senhor da floresta.
Assusta de tão bonito.
Surge. Ruge. O **tigre**!

De um bico fez tela.
No **tucano** Deus criou
pintura moderna.

Com seu terno negro,
pobre **urubu** vagabundo
parece Carlitos.

Lanternas acesas.
Em procissão, **vaga-lumes**
a noite atravessam.

A **zebra**, animada,
para um baile à fantasia,
pôs roupa listrada.

Haicai

Haicai é o menor poema do mundo. Tem apenas três versos. Há quem diga já ter visto um haicai escrito num grão de arroz! Também é uma das formas mais antigas de poesia. Surgiu no Japão faz séculos. Lá o haicai se referia sempre a uma das estações do ano, estava ligado à natureza.

O haicai não apresenta título nem precisa ter necessariamente rima. A maioria dos haicaístas escreve seus textos com um número certo de sílabas poéticas: o primeiro verso com 5, o segundo com 7, o terceiro com 5.

Assim:
Um sono de paz.
Um-so-no-de-**paz**.
 1 2 3 4 5

Sonha o leão com um mundo
So-nhao-le-ão-com-um-**mun**-do
 1   2   3 4   5   6   7

sem reis e sem súditos.
sem-reis-e-sem-**sú**-di-tos.
 1   2 3   4 5

Se você observar bem, a gente só conta até a última sílaba forte – a tônica (veja o destaque). Às vezes, quando uma palavra termina por vogal fraca (átona) e a seguinte começa também com vogal, junta-se mais de uma sílaba (como aconteceu no segundo verso do haicai citado anteriormente: "So-*nhao*-le-ão-com-um-mun-do").

O haicai parece uma fotografia. Quase sempre registra a sensação de um instante, algo que a gente percebe e sente num momento rápido.

O maior haicaísta que já existiu foi Matsuo Bashô, que viveu no Japão no século XVII. Ele viajou por seu país escrevendo sobre o que via. Seu haicai mais famoso é sobre uma rãzinha pulando num lago (ou num tanque). Existem várias traduções e adaptações desse haicai. Uma delas é a seguinte:

Na velha lagoa,
pro fundo uma rã mergulha.
Marulho das águas.

Suplemento de atividades

Pesquisando

1. Você pode viajar pelo Japão sem sair de casa. Que tal fazer uma pesquisa sobre o "país do sol nascente"? Depois você escreve sobre o que leu e conta para os amigos.

2. No haicai sobre o rinoceronte, são citados Dom Quixote e Sancho Pança – dois personagens de um famoso livro. Informe-se a respeito dos seguintes dados: o título da obra, o autor (seu nome, onde e quando nasceu), as características principais dos dois personagens...

3. No haicai do sabiá, este passarinho é comparado a Pavarotti. Procure saber quem foi essa pessoa famosa. Você pode até ouvi-lo (aí já vai uma "dica").

4. Escolha um dos bichos desta arca e faça uma pesquisa sobre ele: como é, onde vive, de que se alimenta... Convide outros colegas a fazer o mesmo. Depois monte com eles um grande painel ilustrado com os resultados da pesquisa.

5. No haicai dos macacos, você encontra a expressão "macacos me mordam!". Com a palavra macaco existem, também, estes ditos populares:

   "Macaco não olha o rabo."
   "Pergunte ao macaco se quer banana."
   "Macaco velho não mete a mão em cumbuca."
   "Vá pentear macacos."
   "Ter macacos no sótão."
   "Cada macaco no seu galho."

   Pergunte ao professor ou a algum parente idoso o que cada uma dessas expressões significa. É sempre bem interessante pesquisar essas formas curiosas e criativas de linguagem que o povo usa.

6. Faça uma pesquisa sobre a história bíblica da Arca de Noé.

Lendo

1. No haicai do sapo e da jia, são citados Romeu e Julieta, dois personagens famosos de uma peça de teatro do escritor inglês William Shakespeare. Há adaptações, para crianças e adolescentes, dessa obra. Leia ou peça que alguém lhe conte essa bonita e triste história de amor. Depois saboreie um gostoso "romeu e julieta". Sabe que sobremesa é essa?

2. Alguns escritores brasileiros gostam de escrever haicais. Leia os pequeninos poemas a seguir. Veja como são lindos:

Ploque... ploque... ploque...
Passa um cavalo lá fora.
Leva o tempo embora.
(A. A. de Assis)

Sanhaço se assanha
no verão ensolarado:
prenúncio de chuva.
(Paulo Roberto Cecchetti)

Entre galhos secos,
o grilo canta escondido
a sua tristeza.
(Leyla Lobo)

De manhã bem cedo,
garnisé esganiçado
desafina o dia.
(Leda Mendes Jorge)

Na lagoa, a garça
é o S da solidão
feito em plumas brancas.
(Luís Antônio Pimentel)

A pata do pato
pode ser isso ou aquilo:
é ave ou é pé.
(Wanderlino T. Leite Netto)

Assistindo

Em um dos haicais deste livro, o urubu é comparado a Carlitos, personagem de Charlie Chaplin, diretor e ator da época do cinema mudo. Seus filmes transmitem belas mensagens. Muitos deles são bem engraçados. Assista a alguns como, por exemplo, *O Garoto*.

Escrevendo

1. Neste livro os poemas retratam vários bichos. Escreva haicais sobre outros animais. Tente fazê-los contando as sílabas poéticas (5-7-5). Se não conseguir, não tem problema. Existem muitas pessoas que fazem haicais muito bonitos sem uma contagem tão rigorosa de sílabas.

2. Crie haicais sobre outros elementos da natureza, assim como os japoneses gostam de fazer. Saia para passear, de preferência em um lugar bonito, olhe atentamente à sua volta: as flores, o sol, as árvores, as montanhas, até um grãozinho de areia pode ser assunto para um haicai! Você irá perceber coisas em que nunca tinha reparado, ou vai vê-las de forma diferente. Observe como tantas coisas acontecem e nós normalmente nem notamos!...

3. Faça uma lista de tudo que é característico nas estações do ano. Assim: verão – calor, sol, praia cheia, férias... Depois, escreva um haicai para cada estação, usando algumas dessas palavras, igualzinho aos haicaístas japoneses tradicionais.

4. O ratinho poeta deste livro transformou a lua em um queijo. Podemos, com a poesia, aproximar coisas diferentes, desde que percebamos algo em comum entre elas. Tente fazer o mesmo:

   O Sol é como_____

   A chuva parece _____

   Aquela estrelinha é igual a _____

   Aquela flor é que nem_____

   O vaga-lume se assemelha a _____

   E vá fazendo outras comparações...

5. Como pode ver, não entraram nesta Arca de haicais bichos com nomes iniciados pelas letras D, I, N, Q e X. Aí vai um desafio: brinque com seus colegas de descobrir bichinhos cujos nomes comecem com essas letras. Vamos ver quem consegue primeiro? Depois, que tal fazer haicais sobre eles?

31

Navegando na internet

1. Existem vários sites sobre haicai. Por exemplo: o Caqui, do Grêmio Haicai Ipê, entre outros. Neles você poderá ter mais informações sobre o assunto, ler textos de autores de várias partes do Brasil, receber notícias de concursos (até crianças e adolescentes podem concorrer). Navegue nessa ideia!

2. Origâmi é uma forma de arte em papel, também originária do Japão. Tente conhecer um pouco dessa técnica. Há vários sites sobre o assunto. Alguns deles ensinam a fazer os origâmis. Quem sabe você consegue criar alguns bichos em papel, seguindo as instruções?

Desenhando, pintando, colando

1. Crie ilustrações para os haicais que escreveu. Faça seu próprio livro artesanalmente. Com certeza vai ficar lindo!

2. Desenhe um tucano bem grande e pinte o bico do pássaro com diversas cores bem alegres. Agora você é o pintor. E não se esqueça de assinar seu quadro!

Representando

Brinque de teatro com seus amigos. Crie com eles máscaras e fantasias que representem os vários bichos desta arca. Depois, façam uma apresentação para a turma da escola, declamando os haicais.